Inhalt

Beschäftigungsgesellschaften

Kernthesen

Beitrag

Fallbeispiele

Weiterführende Literatur

Impressum

Beschäftigungsgesellsch[

M.Rinkenburger

Kernthesen

- Die Überleitung von Mitarbeitern in Beschäftigungsgesellschaften spielt im Rahmen von Personalreduzierungsmaßnahmen eine immer größere Rolle.
- Beschäftigungsgesellschaften sind Unternehmen in einer eigenständigen Rechtsform. Sie werden meistens für eine unbestimmte Zeit mit dem Ziel gegründet, die Arbeitsverhältnisse von betroffenen Mitarbeitern sozialverträglich zu beenden. (8)
- Während der Anstellung bei einer Beschäftigungsgesellschaft hat der Mitarbeiter für einen befristeten Zeitraum die Möglichkeit, sich weiter zu qualifizieren

und auf dem Arbeitsmarkt eine neue Beschäftigung zu suchen. (1)
- Die in eine Beschäftigungsgesellschaft übergeleiteten Mitarbeiter erhalten neue Arbeitsverträge. (6)

Beitrag

Beschäftigungsgesellschaften

Es gibt verschieden Formen von Beschäftigungsgesellschaften. Größere Unternehmen oder Konzerne gründen oftmals eigene Beschäftigungsgesellschaften die lediglich befristet existieren und in die primär die eigenen Mitarbeiter übergeleitet werden. Zum anderen werden aber auch Beschäftigungsgesellschaften als Gemeinschaftsunternehmen gegründet, wie z. B. zwischen der Commerzbank und einer Zeitarbeitsfirma. Kleinere Unternehmen, die keine eigenen Beschäftigungsgesellschaften gründen können oder möchten, haben die Möglichkeit, mit bereits bestehenden Unternehmen zu kooperieren. Die betroffenen Mitarbeiter werden dann in diese Gesellschaften übergeleitet. (10), (3), (6)

Gemeinsam ist diesen verschiedenen Formen, dass

die betroffenen Mitarbeiter einen neuen Arbeitsvertrag mit der Beschäftigungsgesellschaft erhalten. Das primäre Ziel besteht darin, den Mitarbeitern durch Qualifizierungen und Trainings die Möglichkeit zu verschaffen, auf dem externen Arbeitsmarkt eine neue Beschäftigung zu finden. Je nach Bedarf und Möglichkeiten wird bei Großunternehmen auch versucht, für die Mitarbeiter innerhalb des Konzerns eine neue Einsatzmöglichkeit zu finden.

Im Vergleich dazu hat die Deutsche Telekom einen anderen Weg beschritten. Sie hat eine sogenannte interne Personal-Service-Agentur (PSA) gegründet. Deren Intention ist es ebenfalls, Mitarbeiter im Konzern aber auch extern auszuleihen oder dauerhaft zu vermitteln. Die Mitarbeiter, die in diese PSA aufgenommen werden, behalten allerdings weiterhin ihren bestehenden Arbeitsvertrag mit der Deutschen Telekom. (5),

Prozesse und Aufgaben

Welche Mitarbeiter in eine Beschäftigungsgesellschaft wechseln entscheidet die Unternehmensführung in Abhängigkeit der betrieblichen Notwendigkeit und in Abstimmung mit dem Betriebsrat. Den betroffenen Mitarbeitern wird ein Wechsel in die Beschäftigungsgesellschaft angeboten. Hat sich ein Mitarbeiter für den Wechsel entschieden, muss er innerhalb der festgelegten Frist einen neuen Arbeitgeber finden. Ansonsten droht ihm danach die Arbeitslosigkeit.

Im Falle einer Weigerung des Mitarbeiters muss dieser damit rechnen, dass die Alternativen für ihn persönlich schlechter sein können, wenn es z. B. zu betriebsbedingten Kündigungen kommt. (1), (7)

Der Mitarbeiter einer Beschäftigungsgesellschaft hat die Aufgabe, sich während der befristeten Beschäftigung weiter zu qualifizieren, um im Anschluss daran auf dem freien Arbeitsmarkt eine neue Tätigkeit im gleichen oder in einem anderen Beruf zu finden. Die Mitarbeiter haben gegebenenfalls auch noch andere Aufgaben wahrzunehmen. Aufgaben, die z. B. im Zusammenhang mit der Auflösung des Unternehmens oder der Abwicklung bestimmter Projekte stehen. (9) Je nach Beschäftigungsgesellschaft, kann der Mitarbeiter auch temporär an das eigene oder an andere Unternehmen ausgeliehen werden.

Finanzierung und Entlohnung

In Abhängigkeit der Ursache aufgrund derer eine Beschäftigungsgesellschaft gegründet wird, wird diese entweder durch Mittel der personalfreisetzenden Unternehmen und/oder durch Zuschüsse und Fördermaßnahmen der Staatsregierung oder Landesregierungen finanziert. (9) Die Gehälter der Mitarbeiter liegen in der Regel unterhalb ihrer früheren Entlohnung. Dadurch soll es für ausleihende Bereiche des abgebenden Konzerns bzw. für externe Unternehmen interessanter sein, jene Mitarbeiter auszuleihen oder neu einzustellen. (4), (6)

Probleme und Nachteile

Der Abschluss eines neuen Arbeitsvertrages mit der Beschäftigungsgesellschaft bewirkt häufig, dass die Mitarbeiter die Rechte aus dem ursprünglichen Arbeitsvertrag verlieren. Mit Abschluss des neuen Vertrages erhalten sie allerdings auch wieder neue Rechte, die dann allerdings gegenüber der neuen Gesellschaft bestehen und oftmals anders geartet sein werden. Dies hat zur Folge, dass die neuen Verträge unterschiedliche individuelle Konsequenzen für jeden Mitarbeiter nach sich ziehen können. Deshalb sollte sich jeder Mitarbeiter vor dem Wechsel über die jeweiligen Auswirkungen informieren. Es gibt allerdings auch gesetzliche Regelungen, aufgrund derer die betroffenen Mitarbeiter in bestimmten Bereichen nicht schlechter gestellt werden dürfen als zuvor. (6)

Ein weiterer Nachteil könnte sich im Rahmen des Bewerbungsprozesses ergeben. Bei einstellenden Unternehmen kann ggf. das Vorurteil herrschen, dass Mitarbeiter einer Beschäftigungsgesellschaft nicht bzw. nicht mehr die fachlichen Qualifikationen oder persönlichen Eigenschaften besitzen, die von Mitarbeitern in der heutigen Zeit oftmals gefordert werden. Dadurch wird diesen Bewerbern unter Umständen die Chance genommen, das einstellende Unternehmen in einem persönlichen Gespräch von sich und seinen Qualifikationen überzeugen zu können und eine neue unbefristete Anstellung zu erhalten.

Fallbeispiele

Der Kommunikationshersteller Marconi möchte bis zum 31. März 2003 ca. 600 Stellen streichen. Neben verschiedenen bereits eingeleiteten Maßnahmen zur Personalreduzierung soll einer bestimmte Anzahl von Mitarbeitern auch der Wechsel in eine

Beschäftigungsgesellschaft angeboten werden. In diesem Fall soll eine bereits bestehende Qualifizierungs- und Beschäftigungsgesellschaft gefunden werden, in die die Mitarbeiter wechseln können. Dort sollen sie die Möglichkeit erhalten, sich ein Jahr lang weiter zu qualifizieren, um im Anschluss daran eine neue Beschäftigung auf dem externen Arbeitsmarkt zu finden. (1), (3)

In der Netzwerksparte ICN des Technologiekonzerns Siemens finden bereits seit einigen Monaten umfangreiche Umstrukturierungen statt. Von diesen Maßnahmen sind auch eine Vielzahl an Beschäftigten betroffen. Ein Teil der ursprünglich geplanten Kapazitätsanpassung, konnte aufgrund verschiedener anderer Maßnahmen, wie z. B. der Reduzierung der Wochenarbeitszeit und der Reduzierung externer Mitarbeiter vermindert werden. Für die 1 100 jetzt noch abzubauenden Mitarbeiter wird eine Beschäftigungsgesellschaft mit dem Ziel gegründet, die Mitarbeiter zu qualifizieren und auf dem externen Markt zu vermitteln. (4), (6)

Bereits im Juli 2002 hatte der Konkursverwalter des Stahlwerks Maxhütte bekanntgegeben, dass das Traditionswerk im September 2002 stillgelegt wird. Ca. 550 der Belegschaftsmitglieder wurden in eine Beschäftigungsgesellschaft überführt. In dieser Gesellschaft sind sie zum einen mit dem Abbau der

Maxhütte-Anlagen betraut und zum anderen können sie sich beruflich weiterqualifizieren, um wieder eine neue Beschäftigung auf dem externen Arbeitsmarkt zu finden. Hierfür wurden ca. 28.7 Millionen Euro von der Staatsregierung für Abfindungen, Förder- und Qualifizierungsprogramme bereitgestellt. (9), (2)

Zum Jahresende 2002 wurde das Kassler AEG-Werk geschlossen. Von den ca. 370 Mitarbeitern wurden 330 Mitarbeiter in die konzerneigene Beschäftigungsgesellschaft AutoVision AG überführt. Dort werden sie innerhalb eines Jahres weiterqualifiziert. Für ca. 130 Mitarbeiter steht jetzt bereits fest, dass sie entsprechende Anschlussverträge erhalten. Für die übrigen Mitarbeiter versucht AutoVision entweder innerhalb des Konzerns oder in anderen Unternehmen der Region neue Beschäftigungsmöglichkeiten zu finden. (10)

Weiterführende Literatur

(1) Marconi streicht in Deutschland 600 Stellen / Standort Backnang betroffen Mitarbeiter können in Beschäftigungsgesellschaft wechseln, Stuttgarter Zeitung, 12.11.2002, S. 11
aus WirtschaftsBlatt, 12.10.2002, Nr. 1727, S. A33

(2) Ritzer, Uwe, Der Ofen ist aus, Süddeutsche Zeitung, Ausgabe Deutschland, 25.9.2002, S. 37

aus WirtschaftsBlatt, 12.10.2002, Nr. 1727, S. A33

(3) Beschäftigungsgesellschaft soll 40 gekündigten Mitarbeitern Perspektive geben, LVZ/Leipziger-Volkszeitung, Ausgabe: Dresdner Neueste Nachrichten, 6.12.2002, S. 5
aus WirtschaftsBlatt, 12.10.2002, Nr. 1727, S. A33

(4) Netzsparte baut weniger Stellen ab Konsenskultur gerettet
aus FTD Financial Times Deutschland vom 25.10.2002, Seite 4

(5) In Bonner Zentrale sollen 100 Stellen wegfallen, Bonner General-Anzeiger, Bonner General-Anzeiger, 03.10.2002, S. 19
aus FTD Financial Times Deutschland vom 25.10.2002, Seite 4

(6) Alternativen zur Kündigung / Die IT-Branche greift zum Strohhalm der Zeitarbeit, Computer Zeitung, Heft 38, 2002, S. 21
aus FTD Financial Times Deutschland vom 25.10.2002, Seite 4

(7) Personalservice-Agentur soll Beschäftigte vermitteln / Telekom plant internes Arbeitsamt, Computerwoche, 4.10.2002, Nr. 40, S. 7
aus FTD Financial Times Deutschland vom 25.10.2002, Seite 4

(8) Siemens baut in Netzsparte jede dritte Stelle ab

1300 Jobs fallen im Geschäft mit Telekombetreibern weg
aus FTD Financial Times Deutschland vom 22.08.2002, Seite 4

(9) Der letzte Abstich, Süddeutsche Zeitung, Ausgabe Deutschland, 17.9.2002, S. 33
aus FTD Financial Times Deutschland vom 22.08.2002, Seite 4

(10) AEG geht – VW kommt Automobilriese übernimmt Mitarbeiter des Geräteherstellers / 130 werden fest angestellt, den übrigen wird geholfen
aus Frankfurter Rundschau v. 22.11.2002, S.34, Ausgabe: R Region

Impressum

Beschäftigungsgesellschaften

Bibliografische Information der deutschen Nationalbibliothek

Die Deutsche Nationalbibliothek verzeichnet diese Publikation in der deutschen Nationalbibliografie; detaillierte bibliografische Daten sind im Internet über http://dnb.d-nb.de abrufbar.

ISBN: 978-3-7379-1008-8

© 2015 GBI-Genios Deutsche Wirtschaftsdatenbank GmbH, Freischützstraße 96, 81927 München, www.genios.de

Alle Rechte vorbehalten. Dieses Werk ist einschließlich aller seiner Teile – z.B. Texte, Tabellen und Grafiken - urheberrechtlich geschützt. Jede Verwertung außerhalb der Grenzen des Urheberrechtsgesetzes bedarf der vorherigen Zustimmung des Verlags. Dies gilt insbesondere auch für auszugsweise Nachdrucke, fotomechanische Vervielfältigungen (Fotokopie/Mikroskopie), Übersetzungen, Auswertungen durch Datenbanken oder ähnliche Einrichtungen und die Einspeicherung und Verarbeitung in elektronischen Systemen.